教育部　财政部中等职业学校教师素质提高计划成果
财政事务专业师资培训包开发项目(LBZD056)

财政事务专业教师教学能力标准、培训方案和培训质量评价指标体系

Caizheng Shiwu Zhuanye Jiaoshi Jiaoxue Nengli Biaozhun, Peixun Fang'an He Peixun Zhiliang Pingjia Zhibiao Tixi

教育部　财政部　组编
金双华　主编
刘雪清　金双华　王满亭　执行主编

中国财政经济出版社

图书在版编目（CIP）数据

财政事务专业教师教学能力标准、培训方案和培训质量评价指标体系/刘雪清，金双华，王满亭执行主编．—北京：中国财政经济出版社，2011．10

教育部、财政部中等职业学校教师素质提高计划成果　财政事务专业师资培训包开发项目（LBZD056）

ISBN 978－7－5095－3165－5

Ⅰ．①财…　Ⅱ．①刘…　②金…　③王…　Ⅲ．①财政学－中等专业学校－师资培训－教材　Ⅳ．①F810

中国版本图书馆CIP数据核字（2011）第198959号

责任编辑：张　军　　　　责任校对：徐艳丽

封面设计：陈　瑶　　　　版式设计：董生平

内容提要

本书是教育部和财政部“中等职业学校教师素质提高计划”中“财政事务专业师资培训包开发项目（LBZD056）”的成果之一，汇编了教师教学能力标准、教师培训方案和教师培训质量评价指标体系三个项目成果。主要介绍了中等职业学校财政事务专业教师应具备的教育教学、专业知识及实践技能的能力标准，以教师教学能力标准为基础而制订的教师培训方案，以及从教师教学能力标准出发，围绕教师培训方案、培训条件、培训管理及培训效果等制订的教师培训质量评价指标体系。

本书可作为中等职业学校财政事务专业教师上岗层级、提高层级和骨干层级的培训指导用书。

中国财政经济出版社出版

URL：http：//www.cfeph.cn

E－mail：cfeph @ cfeph.cn

社址：北京市海淀区阜成路甲28号　邮政编码：100142

营销中心电话：88190406　北京财经书店电话：64033436　84041336

北京富生印刷厂印刷　各地新华书店经销

787×1092毫米　16开　3.75印张　81 000字

2011年12月第1版　2011年12月北京第1次印刷

定价：11.00元

ISBN 978－7－5095－3165－5/F·2679

（图书出现印装问题，本社负责调换）

质量投诉电话：88190744

教育部 财政部中等职业学校教师素质提高计划成果
系列丛书

编写委员会

主 任 鲁 昕
副主任 葛道凯 赵 路 王继平 孙光奇
成 员 郭春鸣 胡成玉 张禹钦 包华影 王继平(同济大学)
刘宏杰 王 征 王克杰 李新发

专家指导委员会

主 任 刘来泉
副主任 王宪成 石伟平
成 员 翟海魂 史国栋 周耕夫 俞启定 姜大源
邓泽民 杨铭铎 周志刚 夏金星 沈 希
徐肇杰 卢双盈 曹 晔 陈吉红 和 震
韩亚兰

教育部　财政部中等职业学校教师素质提高计划成果
系列丛书

财政事务专业师资培训包开发项目
(LBZD056)

项目牵头单位　东北财经大学
项 目 负 责 人　金双华

出版说明

根据2005年全国职业教育工作会议精神和《国务院关于大力发展职业教育的决定》（国发［2005］35号），教育部、财政部2006年12月印发了《关于实施中等职业学校教师素质提高计划的意见》（教职成［2006］13号），决定“十一五”期间中央财政投入5亿元用于实施中等职业学校师资队伍建设相关项目。其中，安排4 000万元，支持39个培训工作基础好、相关学科优势明显的全国重点建设职教师资培养培训基地牵头，联合有关高等学校、职业学校、行业企业，共同开发中等职业学校重点专业师资培训方案、课程和教材（以下简称“培训包项目”）。

经过四年多的努力，培训包项目取得了丰富成果。一是开发了中等职业学校70个专业的教师培训包，内容包括专业教师的教学能力标准、培训方案、专业核心课程教材、专业教学法教材和培训质量评价指标体系5方面成果。二是开发了中等职业学校校长资格培训、提高培训和高级研修3个校长培训包，内容包括校长岗位职责和能力标准、培训方案、培训教材、培训质量评价指标体系4方面成果。三是取得了7项职教师资公共基础研究成果，内容包括中等职业学校德育课教师、职业指导和心理健康教育教师培训方案、培训教材，教师培训项目体系、教师资格制度、教师培训教育类公共课程、职业教育教学法和现代教育技术、教师培训网站建设等课程教材、政策研究、制度设计和信息平台等。上述成果，共整理汇编出300多本正式出版物。

培训包项目的实施具有如下特点：一是系统设计框架。项目成果涵盖了从标准、方案到教材、评价的一整套内容，成果之间紧密衔接。同时，针对职教师资队伍建设的基础性问题，设计了专门的公共基础研究课题。二是坚持调研先行。项目承担单位进行了3 000多次调研，深度访谈2 000多次，发放问卷200多万份，调研范围覆盖了70多个行业和全国所有省（区、市），收集了大量翔实的一手数据和材料，为提高成果的科学性奠定了坚实基础。三是多方广泛参与。在39个项目牵头单位组织下，另有110多所国内外高等学校和科研机构、260多个行业企业、36个政府管理部门、277所职业院校参加了开发工作，参与研发人员2 100多人，形成了政府、学校、行业、企业和科研机构共同参与的研发模式。四是突出职教特色。项目成果打破学科体系，根据职业学校教学特点，结合产业发展实际，将行动导向、工作过程系统化、任务驱动等理念应用到项目开发中，体现了职教师资培训内容和方式方法的特殊性。五是研究实践并进。几年来，项目承担单位在职业学校进行了1 000多次成果试验。阶段性成果形成后，在中等职业学校专业骨干教师国家级培训、省级培训、企业实践等活动中先行试用，不断总结经验、修改完善，提高了项目成果的针对性、应用性。六是严格过程管理。两部成立了专家指导委员会和项目管理办公室，在项目实施过程中先后组织研讨、培训和推进会近30次，来自职业教育办学、研究和管理一线的数十位领导、专家和实践工作者对成果进行了严格把关，确保了项目开发的正确方向。

作为"十一五"期间教育部、财政部实施的中等职业学校教师素质提高计划的重要内容，培训包项目的实施及所取得的成果，对于进一步完善职业教育师资培养培训体系，推动职教师资培训工作的科学化、规范化具有基础性和开创性意义。这一系列成果，既是职教师资培养培训机构开展教师培训活动的专门教材，也是职业学校教师在职自学的重要读物，同时也将为各级职业教育管理部门加强和改进职教教师管理和培训工作提供有益借鉴。希望各级教育行政部门、职教师资培训机构和职业学校要充分利用好这些成果。

为了高质量完成项目开发任务，全体项目承担单位和项目开发人员付出了巨大努力，中等职业学校教师素质提高计划专家指导委员会、项目管理办公室及相关方面的专家和同志投入了大量心血，承担出版任务的11家出版社开展了富有成效的工作。在此，我们一并表示衷心的感谢！

编写委员会

2011年10月

目录

教师教学能力标准

培训方案

培训质量评价指标体系

教师教学能力标准

执笔：刘雪清

教师教学能力标准制定说明

一、开发能力标准的概述

根据教育部对培训包项目的总体要求，各项目的开发工作必须以教师能力标准为依据。因此，财政事务专业教师专业能力标准在整个项目中处于核心地位，对开发其他子项目起着承上启下的作用。

根据该项目“适应社会对财政事务职业化人才的需求，为我国中等职业教育培养出专业基础知识扎实、实际业务操作娴熟、教学方法运用得当的财政事务专业的师资”的开发目标，首先，从开发财政事务专业教师的教学能力入手，在全国范围内明确从事本专业教学的教师应具备的能力标准；其次，根据目前各中等职业学校财政事务专业的师资现状及能力标准，提出有针对性培训方案；最后，编写与其配套的专业核心教材及教学法教材，并对培训教师是否达到能力标准进行评价。

专业教师能力标准的制定在全部项目开发中是一条主线，其他子项目的开发均应紧紧围绕这条主线展开，如图 1 所示。

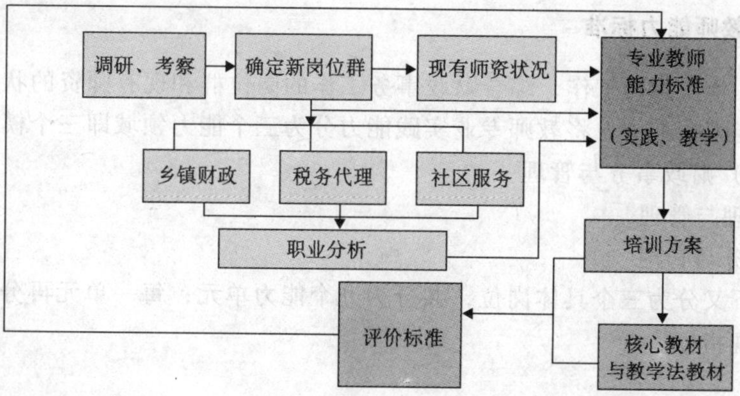

图 1

由于能力标准的重要性，项目组主要成员在这方面投入很大精力，经过近两年的调研、考察，又经过多次研究、讨论、反复修改、召开论证会、请专家指导等工作，对教师教学能力标准六易其稿。

二、制定能力标准的步骤

（一）全国范围中等职业学校专业调研

通过发放问卷、走访教育行政部门、学校实地考察等方式，目前据我们所掌握的情况，在全国范围内几乎没有中等职业学校开设财政事务专业，但进一步调研中发现，实务工作仍有本专业的需求空间。

（二）社会需求岗位群调研

在调研中，通过重新定位和开发财政事务新领域，确定了适合中等职业学校毕业生就业的岗位群，为中等职业学校的专业设置和专业改造提供了真实而可靠的依据，如乡镇财政、税务代理、社区服务。其中，乡镇财政可进一步分解为三个具体岗位：总预算会计、单位会计、出纳员；税务代理可进一步分解为三个具体岗位：会计员、税务员、税收筹划员；社区服务可进一步分解为三个具体岗位：社区主管、社区专干、社区助理。

（三）现有师资状况调研

由于专业的原因，目前各中等职业学校仍有一批从事财政事务相关专业教学的师资，他们主要是为其他专业开设一些相关的课程，如财政基础、税收基础等。但这部分师资的知识较陈旧，更没有机会在实务工作中进行实践。如果其所在学校需要开设财政事务专业，培训的需求空间很大。

（四）制定教师能力标准

基于上述几个步骤的工作，综合财政事务工作的岗位群和现有师资的状况，我们在制定教师专业实践能力标准中，将教师专业实践能力分为三个能力领域即三个模块：

- 乡（镇）财政事务与管理
- 税务代理与管理
- 社区事务与管理

每一模块下又分为三个具体岗位，共分为九个能力单元；每一单元再分解为不同的能力要素和能力表现指标。

三、制定的理论依据

（一）能力标准概念

1. 国际培训、绩效、教学标准委员会将能力标准定义为：一整套使得个人可以按照专业标准的要求有效完成特定职业或工作职责的相关知识、技能和情感态度。

2. 邓泽民教授观点：能力标准是完成一定任务所需要的知识、技能和态度，它有别于陈述性、程序性的知识。对能力描述为“行为动词＋受词”，结果是可以观察到的一种指标。

3. 根据我们对上述观点的理解，结合财政事务专业的特点，从管理类专业角度，对教师专业实践能力进行了开发。

（二）标准所涵盖的范畴

1. 我们理解的能力标准主要是指从事本专业教学的教师必须达到的标准。

2. 根据中等职业学校学生的现状，专业实践能力标准要定位在具体、一般性的工作上，包括一些不常见的特殊性的工作。

3. 为了使教师在教学中充分发挥创造性，在制定中仅是对典型的工作行为进行了规范要求。

四、对后续子项目的指导作用

（一）对培训方案制定的指导作用

专业教师能力标准主要由专业实践能力标准和专业教师教学能力标准两部分组成。

1. 针对教师专业实践能力标准的要求，通过职业分析，得到各岗位的职业能力特征、职业背景知识和职业技能要求，从而进一步推出培训的内容，如财经职业道德模块、职业发展与劳动组织分析培训模块、系列专业“四新”讲座培训模块、专业软件的应用培训模块等课程。

乡镇财政事务与管理

职业能力特征

具有较好的从业职业道德修养

具有组织与协调乡镇财政事务工作岗位的能力

具有从事财政事务职业的知识背景
具有相应岗位的职业技能证书
• 职业背景知识
掌握公共管理、行政管理等的相关基础知识
掌握财政、税收相关知识
掌握政府与非营利组织会计理论与实务
掌握与上述学科相关的计算机知识
• 职业技能要求
熟悉和处理本工作岗位范围内的各类业务
熟练掌握不同岗位的相关工作流程
胜任乡镇财政事务工作岗位的各项工作职责
熟练应用电脑处理各种办公事宜

税务代理与管理
• 职业能力特征
具有较好的从业职业道德修养
具有组织与协调本工作岗位的能力
具有从事本职业的知识背景
具有相应岗位的职业技能证书
• 职业背景知识
掌握经济学相关基础知识
掌握税法相关理论与实务
掌握企业会计相关理论与实务
掌握与上述学科相关的计算机知识
• 职业技能要求
熟悉各项税收法律、政策的相关内容
熟练掌握为不同企业代理记账技能
熟悉税收询问、税收筹划、税务检查等相关业务
胜任本工作岗位规定的工作职责

社区事务与管理
• 职业能力特征
具有较好的从业职业道德修养
具有较强的亲和力
具有从事本职业知识背景
具有相应工作岗位的职业证书
• 职业背景知识
掌握相关经济学、管理学、法学基础知识
掌握财政、税收相关知识

掌握相关经济法基础知识

掌握财经应用写作的基础知识

• 职业技能要求

熟悉并处理本工作岗位范围内的各项业务

熟练掌握工商、税务注册登记等相关流程

熟练应用电脑处理各种办公事宜

掌握与人交往的礼仪、沟通等技巧

2. 专业教师能力标准与培训方案的关系。考虑到财政事务专业的教师多数是非师范类院校的毕业生，缺少系统教育、教学法理论内容的学习，特别是更需要对从事职业教育理念的提升，因此，设计了相关的培训内容。教师能力标准与培训方案的关系如图 2 所示。

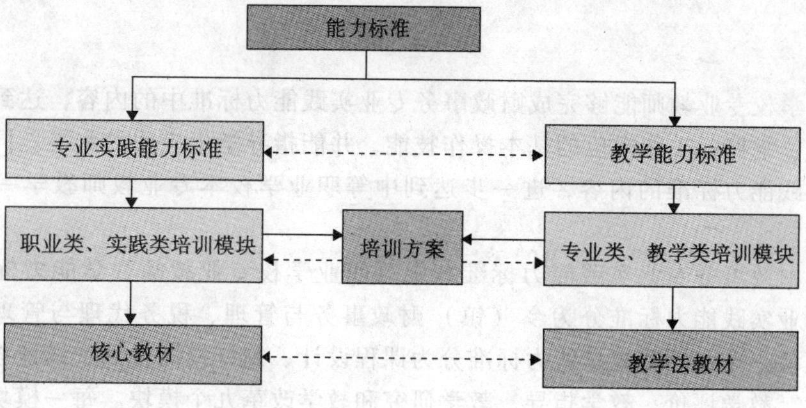

图 2

（二）对专业核心教材编写的指导作用

根据能力标准中的专业实践能力标准，结合上述培训内容，考虑到目前从事财政事务专业教师已有的专业知识背景，为了弥补受训教师专业知识、实践技能的缺陷，将财政事务专业领域的主流应用技术和关键技能充分地体现在核心教材中，因此，将财政事务专业核心教材具体规划为财政事务和税收事务两部分。

（三）对教学法教材编写的指导作用

根据制定的专业教师教学能力标准，结合上述培训内容，考虑到目前从事财政事务专业教师的教育知识背景，为了弥补受训教师教育、教学方面知识与教学方法的缺陷，将教学法与专业知识进行有机的结合，编写一部专业教学法教材。

（四）对评价指标的指导作用

评价指标是对培训机构与受训教师的培训过程与结果的质量进行衡量的标准。衡量的尺度是考核经培训的教师是否达到了本项目所制定的专业教师能力标准。因此，这个项目的终极目标又回到了专业教师能力标准。只有达到了能力标准的教师才是合格的适应社会对财政事务职业化人才的需求，专业基础知识扎实、实际业务操作娴熟、教学方法运用得当的财政事务专业的师资。

教师教学能力标准

中等职业学校专业教师能够完成财政事务专业实践能力标准中的内容，达到能够熟悉各工作岗位流程、掌握各工作岗位的基本操作技能，并能指导学生应用的水平。同时，针对财政事务专业实践能力标准的内容，进一步达到中等职业学校本专业教师教学一般能力的标准。

本标准由财政事务专业实践能力标准和中等职业学校专业教师教学能力标准两部分组成，其中，专业实践能力标准分为乡（镇）财政事务与管理、税务代理与管理、社区事务与管理三个模块。专业教师教学能力标准分为课程设计、制订授课计划、设计教案、教学准备、实施教学、教学评价、教学指导、教学研究和教学改革九个模块。每一模块具体包括能力领域、能力单元、能力要素、能力要素表现指标四个层次。

一、财政事务专业实践能力标准

1. 乡（镇）财政事务与管理

1.1 财政总预算会计

1.1.1 负责财政收入的管理

1.1.1.1 组织本级各项税收收入

1.1.1.2 组织本级各种非税收入

1.1.2 负责财政支出的管理

1.1.2.1 负责财政拨款

1.1.2.2 负责社会保障支出

1.1.2.3 负责国库支付

1.1.3 编制本级财政预算

1.1.3.1 编制年度财政收支总表

1.1.3.2 编制年度财政收入预算明细表

1.1.3.3 编制年度财政支出预算明细表

1.1.3.4 编制部门预算

1.1.4 负责年终清理与结账

1.1.5 编制本级财政决算

1.1.5.1 编制年度财政收支决算总表

1.1.5.2 编制年度收入决算明细表

1.1.5.3 编制年度支出决算明细表

1.1.6 定期编制会计报表

1.1.6.1 编制资产负债表

1.1.6.2 编制财政资金收入明细表

1.1.6.3 编制财政资金支出明细表

1.1.7 审核会计报表

1.2 单位预算会计

1.2.1 编制部门预算表

1.2.1.1 编制基本支出

1.2.1.2 编制项目支出

1.2.2 编制部门决算表

1.2.3 设置各种账册

1.2.3.1 设置各类资产账簿

1.2.3.2 设置各类负债账簿

1.2.3.3 设置各类收入账簿

1.2.3.4 设置各类支出账簿

1.2.3.5 设置净资产账簿

1.2.4 负责记账工作

1.2.4.1 登记日记账

1.2.4.2 登记明细账

1.2.4.3 登记总账

1.2.5 负责编制会计报表

1.2.5.1 编制资产负债表

1.2.5.2 编制收入支出总表

1.2.5.3 编制收入明细表

1.2.5.4 编制支出情况表

1.2.6 保管会计档案

1.3 出纳员

1.3.1 办理国库业务

1.3.1.1 办理国库存款收、付业务

1.3.1.2 办理其他财政存款收、付业务

1.3.1.3 办理财政零余额账户存款业务

1.3.1.4 办理有价证券的收付

1.3.2 办理行政单位出纳业务

1.3.2.1 办理现金收付

1.3.2.2 办理银行结算业务

1.3.2.3 办理预算单位零余额账户存款业务

1.3.3 保管有关印章

1.3.4 保管空白收据和空白支票等

2. 税务代理与管理

2.1 会计员

2.1.1 代理企业、单位处理日常会计核算

2.1.1.1 填制原始凭证

2.1.1.2 审核原始凭证

2.1.1.3 填制记账凭证

2.1.1.4 审核记账凭证

2.1.1.5 设置各类账簿

2.1.1.6 登记各类账簿

2.1.1.7 结账并对账

2.1.1.8 应用会计核算软件进行会计核算

2.1.2 代理企业、单位编制会计报表

2.1.2.1 编制资产负债表

2.1.2.2 编制损益表

2.1.2.3 编制现金流量表

2.1.3 代理企业、单位财务管理事宜

2.1.3.1 协助企业、单位筹集资金

2.1.3.2 协助企业、单位进行资金管理

2.2 办税员

2.2.1 为企业办理税务登记及相关事项

2.2.1.1 办理税务登记手续（开业登记、变更登记、注销登记）

2.2.1.2 购买税务发票

2.2.1.3 办理税务年检

2.2.2 代理企业、单位纳税申报

2.2.2.1 填写纳税申报表

2.2.2.2 办理网上报税

2.2.2.3 接受发票检查

2.2.3 胜任税收政策询问工作

2.2.3.1 解释现行的税收相关政策

2.2.3.2 具备培训新税收知识的能力

2.2.4 协助办理税收筹划工作

2.2.4.1 协助处理税收筹划会计事宜

2.2.4.2 协助处理税收筹划税收事宜

2.2.5 协助企业、单位进行税收检查工作

2.2.5.1 协助企业、单位进行税收自查

2.2.5.2 协助企业、单位接受税收检查

2.3 税务筹划员

2.3.1 提供会计咨询业务

2.3.1.1 解释现行的《小企业会计制度》及相关规定

2.3.1.2 进行会计上岗前的初级培训

2.3.2 提供税收咨询业务

2.3.2.1 解释现行的税收相关政策

2.3.2.2 具备培训新税收知识的能力

2.3.3 代理企业、单位办理税务相关事宜

2.3.3.1 办理税务登记手册

2.3.3.2 购买税务发票

2.3.3.3 办理税务年检

2.3.3.4 填写纳税申报表

2.3.3.5 办理网上报税

2.3.3.6 接受税务检查

2.3.4 担任纳税筹划工作

2.3.4.1 处理税收筹划会计事宜

2.3.4.2 处理税收筹划税收事宜

3. 社区事务与管理

3.1 社区主管

3.1.1 熟悉各工作岗位相关流程

3.1.1.1 工商、税务注册登记等相关流程

3.1.1.2 办理下岗失业手续流程

3.1.1.3 办理养老保险金、医疗费流程

3.1.1.4 办理离退休人员资格认定流程

3.1.1.5 办理创业资金申请手续流程

3.1.2 处理各工作岗位范围内的各类业务

3.1.2.1 审验失业金

3.1.2.2 报销医疗费

3.1.2.3 发放低保金

3.1.2.4 发放创业资金

3.2 社区专干

3.2.1 协助辖区内的企业办理工商注册登记

3.2.1.1 填写工商注册登记表

3.2.1.2 准备种类材料（法人证件、验资报告、企业设立批文等）

3.2.2 协助辖区内的企业办理税务登记

3.2.2.1 填写税务登记注册登记表

3.2.2.2 购买税务发票

3.2.3 协助辖区内的企业银行开户业务（开户、变更、撤销）

3.2.3.1 填写开户申请

3.2.3.2 提交证明文件

3.2.3.2 预留签章卡片

3.2.4 办理城市最低生活保障业务

3.2.4.1 入户调查

3.2.4.2 审核材料

3.2.4.3 核准申报

3.2.4.4 上报民政部门

3.2.4.5 发放低保

3.2.5 办理办理医疗费补助业务

3.2.5.1 审核医疗单据

3.2.5.2 复核汇总报民政、财政部门

3.2.5.3 支付医疗费

3.2.6 对退休人员养老金资格进行认定

3.2.6.1 审核各种证件

3.2.6.2 办理网上登记

3.2.6.3 办理认证、签字

3.2.6.4 经审查不符合规定的停发养老金

3.2.7 负责办理创业资金申请业务

3.2.7.1 审核申报材料

3.2.7.2 实地考察创业项目

3.2.7.3 报劳动再就业资金联合审批核准

3.2.7.4 发放创业资金

3.2.8 办理其他相关业务事宜

3.3 社区助理

3.3.1 协助辖区内的企业办理工商注册

3.3.2 协助辖区内的企业办理税务登记

3.3.3 协助辖区内的企业办理银行开户业务

3.3.4 协助办理城市最低生活保障业务

3.3.5 协助对优抚对象办理医疗费补助业务

3.3.6 协助对退休人员养老金资格进行认定

3.3.7 协助负责办理创业资金申请业务

3.3.8 协助办理其他相关业务事宜

二、中等职业学校专业教师教学能力标准

1. 课程设计

1.1 进行市场调研

1.1.1 财政事务职业面向调研

1.1.1.1 关注财政事务专业的发展方向

1.1.1.2 掌握财政事务职业岗位的变化

1.1.2 人才需求调研

1.1.2.1 财政事务专业人才数量需求调研

1.1.2.2 财政事务专业人才规格需求调研

1.2 实施职业分析

1.2.1 分析社会经济发展需要

1.2.2 分析财政、税收等职业发展需求

1.2.3 分析本专业职业发展需要

1.3 确定课程目标

1.3.1 确定课程目标结构

1.3.2 描述具体课程目标

1.4 确定课程内容

1.4.1 确定内容筛选方式

1.4.2 筛选具体课程内容

1.5 组织课程内容

1.5.1 确定课程纵向结构

1.5.2 确定课程横向结构

1.5.3 形成具体课程方案

2. 制订授课计划

2.1 解读培养方案

2.1.1 明确财政事务专业培养目标

2.1.1.1 明确从事财政事务职业道德目标

2.1.1.2 明确从事财政事务职业能力目标

2.2 解读教学大纲

2.2.1 明确本门课程地位和作用

2.2.1.1 分析课程的先后衔接关系
2.2.1.2 明确课程应该发挥的作用
2.2.2 明确本门课程的教学目标
2.2.2.1 明确道德目标
2.2.2.2 明确知识目标
2.2.2.3 明确能力目标
2.2.2.4 明确情感目标
2.2.3 分析课程内容的重点难点
2.3 解读职业资格标准
2.3.1 分析职业资格标准的知识要求
2.3.2 分析职业资格标准的能力要求
2.4 分析学情
2.4.1 掌握学生的学习本专业的心理需求
2.4.2 调动学生学习本专业的积极性
2.4.3 能与各类学生沟通、交流
2.5 确定教学形式和方法
2.5.1 明确教学方法和手段
2.5.2 确定教学的组织形式
2.6 分析教材
2.6.1 教材目标分析
2.6.1.1 把握教材的教学目标
2.6.1.2 分析与大纲要求差距
2.6.2 教材内容分析
2.6.2.1 思想性分析
2.6.2.2 科学性分析
2.6.2.3 趣味性分析
2.6.3 教材作用分析
2.6.3.1 思想品德培养
2.6.3.2 人类经验传承
2.6.3.3 学习动机发展
2.7 确定教学进度
2.7.1 课程教学难点分析
2.7.1.1 分析教学重点
2.7.1.2 分析教学难点
2.7.1.3 分析教学关键
2.7.2 课程教学进度安排
2.7.2.1 制定学期教学进度
2.7.2.2 编写周教学进度

3. 设计教案

3.1 明确教学目标
3.1.1 明确知识目标
3.1.1.1 明确陈述性、理论性知识
3.1.1.2 明确程序性、技能知识
3.1.2 明确技能目标
3.1.2.1 明确心智技能（如掌握专业技巧）
3.1.2.2 明确操作技能（如填写各类凭证）
3.1.3 明确态度目标
3.2 明确教学内容
3.2.1 分析教学内容
3.2.2 分析学生特点
3.2.3 分析教学条件
3.2.4 确定重点、难点
3.3 学情分析
3.3.1 分析学生学习动机
3.3.1.1 分析内因性学习动机
3.3.1.2 分析外因性学习动机
3.3.2 分析学生学习态度与兴趣
3.3.3 分析学生学习能力
3.4 教学法方法选择
3.4.1 分析教学内容
3.4.2 分析学生现状
3.4.3 确定教学法方法
3.4.4 设计教学方案
3.5 教学媒体选择
3.5.1 确定教学载体
3.5.2 设计教学场景
3.5.2.1 设计理论教学场景
3.5.2.2 设计实践教学场景

4. 教学准备

4.1 准备教学资源
4.1.1 准备理论教学资源（如：各类文献）
4.1.2 准备实践教学资源（如：各类表格）
4.2 准备教辅材料
4.2.1 查阅教学参考资料
4.2.2 收集教学案例等

4.2.3 配备教学用具

4.3 布置教学情景

4.3.1 布置理论教学情景（如：组织分小组讨论）

4.3.2 布置实践教学情景（如：模仿工作场所）

4.4 选择适用的教材

4.5 明确考核形式与办法

4.5.1 制定理论考核的形式与办法

4.5.2 制定实践考核的形式与办法

4.6 建立试题库

5. 实施教学

5.1 导入新课

5.1.1 课程内容回顾

5.1.2 明确学习目标

5.1.3 认清教学对象

5.2 情景导入

5.2.1 创设情境

5.2.2 激发兴趣

5.3 学习教学内容

5.3.1 描述案例

5.3.2 分析案例

5.3.3 提出问题

5.3.4 组织教学

5.4 处理突发事件

5.4.1 分析事件性质

5.4.2 选择处理事件的方式、方法

5.4.3 正确处理问题

5.5 课堂教学评价

5.5.1 引导学生自评，建构自主课堂

5.5.2 引导学生互评，建构互动课堂

5.5.3 引导学生发展自主学习的能力

6. 教学评价

6.1 课后反思

6.1.1 反思教学目标

6.1.2 反思教学过程

6.1.3 反思教学方法

6.1.4 反思教学效果

6.2 确定评价内容

7. 教学指导

7.1 上示范课

7.1.1 教学内容选择

7.1.1.1 明确示范对象特点

7.1.1.2 明确教学存在问题

7.1.1.3 明确示范达到目的

7.1.2 进行教学准备

7.1.2.1 设计教案

7.1.2.2 选择或设计教学环境

7.1.2.3 设计板书

7.1.2.4 设计多媒体教学材料

7.1.2.5 设计教师仪表与语言

7.1.3 教学目标与策略选择

7.1.3.1 明确教学重点

7.1.3.2 明确教学难点

7.1.3.3 明确教学策略

7.1.4 教学流程设计

7.1.4.1 设计导入语

7.1.4.2 设计教学过程顺序

7.1.4.3 设计教学阶段情景

7.1.4.4 设计教学结语

7.1.5 教学反思

7.1.5.1 倾听其他老师的意见

7.1.5.2 倾听学生的意见

7.1.5.3 自我查找教学中的不足

7.2 说课

7.2.1 说教学目标

7.2.2 说教材

7.2.3 说教法和学法

7.2.4 说教学过程

7.2.5 说板书设计

7.3 评课

7.3.1 评教学基本功

7.3.2 评教学目标

7.3.3 评教学内容

7.3.4 评教学策略

7.3.4.1 评是否符合中职学生的学习特点

7.3.4.2 评是否符合职业能力形成的过程

7.3.5 评教学效果

7.4 指导参赛

7.4.1 明确各种竞赛的特点和要求

7.4.2 选拔学生

7.4.3 确定竞赛的辅导计划

7.4.4 指导学生做赛前训练

7.4.5 指导参加比赛

7.4.6 组织竞赛

7.5 主持精品课程建设

7.5.1 制订精品课程建设规划

7.5.1.1 明确课程建设的目标与思路

7.5.1.2 明确课程建设的内容与特色

7.5.1.3 制订课程建设的进度

7.5.2 明确精品课程建设标准

7.5.3 精品课程教学团队的组织

7.5.3.1 确定课程建设负责人

7.5.3.2 确定主讲教师

7.5.3.3 明确教学团队学历年龄结构优势

7.5.3.4 明确教学团队教学优势

7.5.3.5 明确教学团队科研优势

7.5.3.6 明确教学团队获奖情况

7.5.4 精品课程教材建设

7.5.4.1 制订精品课程教材建设规划

7.5.4.2 确定教材特色和编写提纲

7.5.4.3 确定教材编写团队和个人分工

7.5.4.4 完成教材编写和出版

7.5.5 精品课程网络资源的规划与建设

7.6 组织实习实训

7.6.1 制定实习实训目标

7.6.2 选择实习实训方式

7.6.2.1 校内（模拟）实训

7.6.2.2 校外（顶岗）实习

7.6.3 编写实习实训任务指导书

7.6.4 组织学生实习实训

7.6.5 具备外联能力

7.6.5.1 开拓校外实习基地

7.6.5.2 建立行业联系网络

7.6.5.3 推荐学生就业

7.7 指导青年教师

7.7.1 制定青年教师指导计划
7.7.2 指导青年教师进行常规教学
7.7.3 指导青年教师参加教学比赛
7.7.4 指导青年教师进行教学研究
7.7.5 指导青年教师进行教学评价
7.8 团队合作与协调
7.8.1 具备较好的交流与沟通
7.8.2 培养健康的心理素质

8. 教学研究

8.1 提出教研课题、立项
8.1.1 制订教学研究计划（理论与方法）
8.1.2 确定教研课题的选题（包括财政事务专业）
8.1.3 完成课题申报
8.2 组织开展教研活动
8.2.1 制订教研活动计划，明确教研活动的目的
8.2.2 选择教研活动内容
8.2.2.1 研究教学大纲与教材
8.2.2.2 研究教学方法
8.2.2.3 研究学生的学习
8.2.2.4 研究专业发展与课程变化
8.2.2.5 研究财政、税务行业现状
8.2.3 选择教研活动形式
8.2.3.1 示范课
8.2.3.2 说课与评课
8.2.3.3 请专家（专业或教育）做报告
8.2.3.4 到企业或其他学校参观学习
8.2.4 完成教研活动总结
8.3 撰写研究报告
8.3.1 明确研究目的
8.3.2 确定研究内容与研究方法
8.3.3 撰写研究报告提纲
8.3.4 完成研究报告
8.4 应用研究成果
8.4.1 推广财政事务专业研究成果
8.4.2 示范教学研究成果
8.5 撰写论文
8.5.1 确定本专业相关论文选题
8.5.2 拟定论文提纲

8.5.3 撰写初稿

8.5.4 修改论文

8.5.5 评价论文

8.6 专业建设

8.6.1 分析财政事务专业的变化

8.6.2 调整专业建设方案

9. 教学改革

9.1 现状调研与评价

9.1.1 分析财政事务行业需求

9.1.2 分析与评价课程设置

9.1.3 分析与评价教师能力

9.1.4 分析与评价教材

9.1.5 分析与评价教学效果

9.2 提出教改方案

9.2.1 提出课程设置改革方案

9.2.2 提出教师能力提高方案

9.2.3 提出教材改革方案

9.2.4 提出教学效果提高方案

9.3 组织实施教改方案

9.3.1 解读教改方案

9.3.2 确定实施步骤

9.3.3 组织实施教改

9.4 评价教改效果

9.4.1 确定评价标准

9.4.2 进行评价分析

培 训 方 案

执笔：金双华

培训方案制定说明

一、培训方案的开发依据

（一）以已开发的《财政事务专业教师能力标准》为依据

根据教育部对培训包项目的总体要求，各项目的开发工作，必须以教师能力标准为依据。因此，财政事务培训方案以已开发的《财政事务专业教师能力标准》为依据。

根据项目的开发目标“适应社会对财税职业化人才的需求，为我国中等职业教育培养出专业基础知识扎实、实际业务操作娴熟、教学方法运用得当的财税事务专业的师资”，首先，必须从开发财政事务专业教师的教学能力入手，在全国范围内明确从事本专业教学的教师应具备的能力标准。其次，根据目前各中等职业学校本专业的师资现状及能力标准，提出有针对性培训方案。

从2007年12月项目启动至今，在大量调查研究的基础上，通过几次同济大学项目办专家的指导，在借鉴其他项目的经验之后，我们对《财政事务专业教师能力标准（草案）》经过六稿的修定，完成了《财政事务专业教师能力标准》定稿工作。我们认为培训方案的制定与开发应紧紧围绕此项能力标准进行。

（二）以全国同类专业师资的现状和培训需求的调研情况为依据

随着项目开发的进展，我们的调研工作也一直在进行中，在前期调研的基础上，针对制定培训方案又具体进行了以下几项调研工作：

1. 2008年8月3—5日，我们项目组两名成员，参加了全国财经类中等职业学校校长及教务科长会，参会的学校有15所，来自全国各地。我们利用参会期间，针对目前各校的教学法情况、师资现状等进行了问卷调查，同时，也与部分学校的校长就培训包的相关问题进行了访谈。

此次会议与会单位及人员有全国财政职业教育教学指导委员会相关领导，全国财政系统中等职业学校校长、教务主任及全国财政系统中等职业学校协作会顾问委员。我们主要旁听中职校长论坛的讨论，讨论主题有财政系统中等职业学校收入分配制度改革经验交流、财政系统中等职业学校学生管理与德育工作经验交流、财政系统中等职业学校实训基地建设与实践性教学改革经验交流、财政系统中等职业学校师资队伍建设经验交流。我们在讨论现场发放了“中等职业学校财政事务专员综合调查表”共35份。各学校校长分别就本地区的中职财政事务专业及招生就业状况作出了详尽的回答，为我们财政事务组相关内容的开发提供了宝贵的资料。

2. 在此期间，我们利用东北财经大学职业技术学院作为全国师资培训基地的有利条件，又对来自全国的22个省市的52所学校的四个相关专业352名教师发放了关于培训情况的专项问卷。为了获取更加详实的调研信息，我们对来自52所中职学校的会计专业、电子商务专业、市场营销专业和国际商务专业的部分代表，就所在学校开设财政事务专业及相关课程等情况召开了座谈会。

所获取的信息情况看主要突出以下几点：

- 在教学中最大的困惑是教学内容不适用；
- 对培训的需求有较大的空间；
- 对培训中的社会实习内容普遍感到很符合目前中职教师提高的需要；
- 认为更希望在培训中有行业专家、职教专案授课；
- 认为培训中应使用专用的教材。

总体调研的结论有以下几点：

(1) 目前全国范围内开设财政事务专业的学校非常少，仅在发达地区如广东省、大连市少数学校开设。但从调研情况看，这个专业的招生已没有大的发展空间。由于教育部的专业设置目录中还保留这个专业，所以部分学校以此专业为名，但课程的设置、培养的目标已与此不相适应。

(2) 中职学校的教师专业不固定。由于学校办学以就业为导向，专业的调整使教师的专业教学内容经常发生变化。因此，对他们专业培训的面要广，对知识的要求则不需要太深。

(3) 针对中职教育的特点，在制定培训方案时，教育学、心理学、教学法等必须纳入培训的内容。由于多数专业教师并没有系统地接受过师范类教育，因此，补上这一课是非常必要的。

(4) 在全国范围内相关专业的老师数量不多，水平参差不齐。部分学校的教师基本具备了本专业的本科毕业水平（约占60%）。下一步要根据各学校是否设置这个专业决定培训的需求。

（三）考虑本专业不同工作岗位的发展趋势和对教师要求的变化

随着社会经济的不断发展，开设财政事务专业所适用的岗位也会不断变化，所以，对教师的培训要有一定的前瞻性。特别是财政事务专业涉及的国家财政、财经法规政策性较强，必须使受训教师有一定的把握前沿动态和更新知识的能力。因此，在培训课程的设计中充分地体现了"四新"的内容，并以讲座等多种方式，随时增加、补充新的培训内容，使培训方案具有动态效果。

（四）按岗位任务导向设计培训内容

为落实教育部、财政部中职财政事务项目开发，更广泛地收集有关项目所需实际信息资料，为中职财政事务项目培训方案的制定提供更可靠的依据，于2008年7月24日至8月9日进行了以"有关中等职业学校财政事务专业就业岗位定向及师资培训等"为主要内容的调研活动。此次调研范围为我国西部地区的内蒙、宁夏、甘肃、新疆等省、自治区，具体的调查对象包括：所涉及的市（州）财政局单位有3家；县（区）财政局单位有5家，其中实地观察采访4家；乡（镇）财政（农经）所有11家，其中实地观察采访7家；社区（村级）管理单位8家以上，其中实地观察采访6家。通过调研得出如下结论：

1. 中职财政专业毕业生是目前乡（镇）财政（农经）所实际工作中急需的人才，中职财政专业毕业生也能完全胜任乡（镇）财政（农经）所各岗位的工作要求。

2. 在我国社会主义新农村的建设中，对村级干部、村级经济的发展及村级经济的管理提出了越来越高的要求。中职财政专业教育应转变传统的就业观念，开辟以社区（村级）管理岗位为中职财政专业毕业生新的就业岗位群。

3. 这些岗位的工作流程和行动导向，是与以往学科体系教学完全不同的。因此，首先要对教师进行按岗位行动导向设计培训内容。根据不同岗位的工作流程和岗位责任，进一步明确在这个工作岗位上胜任工作应知应会的知识和应该掌握的基本技能。

二、技术路线与方法

以调研资料为线索，以本项目的培养目标为宗旨，以财政事务相关的理论知识与实践技能、职业教育等内容为依托，结合东北财经大学职业技术学院长期作为国家级培训基地的培训经验，开发并制定本方案。

三、开发目标

在前期已开发的《财政事务专业教师能力标准》基础上，根据培训包的总体要求，设计并开发财政事务专业教师培训方案。本方案分为上岗教师培训、提高教师培训和骨干教师培训三个不同层次。对上岗教师的培训目标是使受训教师能够对财政税收基本理论、技能实务有一个总体把握，能够胜任日常教学工作。对提高教师培训的目标是使受训教师能够达到专业的执业资格和能力，从而能够将这种能力传授给学生，成为教学的中坚力量。对骨干教师的培训目标是使骨干教师具有专业的研发和创新能力，从而形成一批财政、税收事务职业人才培养的专家级教师队伍。如图1所示。

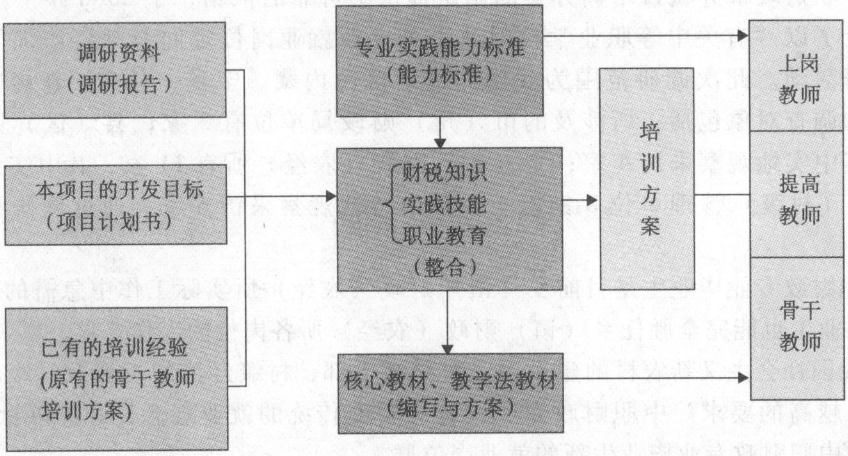

图1

具体内容如下：

1. 全国范围中等职业学校专业调研。通过发放问卷、走访教育行政部门、学校实地考察等方式，目前，据我们所掌握的情况看，在全国范围内中等职业学校开设财政事务专业的，仅有部分发达地区如广东省、大连市少数学校。但在进一步调研中发现实务工作仍有本专业的需求空间。

2. 社会需求新的岗位群调研。在调研中发现有一些新的岗位群，很适合中等职业学校开设，这也为中等职业学校的专业设置和专业改造，提供了更有价值的信息，如乡镇财政、税务代理、社区服务。其中，乡镇财政可进一步分解为三个具体岗位：总预算会计、单位会计、出纳员；税务代理可进一步分解为三个具体岗位：会计员、税务员、税收筹划员；社区服务可进一步分解为三个具体岗位：社区主管、社区专干、社区助理。

3. 现有师资状况调研。由于专业原因，目前各中等职业学校仍有一批从事财政事务相关专业教学的师资，他们主要是为其他专业开设一些相关的课程，如财政基础、税收基础等。但这部分师资的知识较陈旧，更没有机会到实务工作中进行过实践。如果本校需要开设财政事务专业，对知识更新、实务培训的需求空间很大。

经过调研发现，上岗教师包括以下几种情况：财经类毕业生，没有接受过师范教育，缺少教育学、心理学、教法学的学习；师范类毕业生，没有接受过财政学的学习；其他专业的转岗教师缺少上面的全部或其中的一部分知识、技能。

四、适用对象说明

（一）上岗教师培训

上岗教师是指学历达标，已获得教师资格证，按照调研情况将其分为两类：一类接受过财政专业学习，但没有接受过师范教育，缺少教育学、心理学、教法学学习的教师；另一类是有一定教学经验，或是师范类毕业接受过师范教育，有过教育学、心理学、教法学学习的教师，但财政事务专业知识、技能缺少的教师。对他们的培训是属于此培训范围。

（二）提高教师培训

已经是本专业的合格教师，希望通过培训提高水平与能力，向骨干教师目标努力的教师。这些教师已具备基本的财政、税收理论知识和技能基础，应当进一步强化技能培训。

（三）骨干教师培训

已经是本专业带头人或骨干教师，对他们以专题培训为主，聘请知名学者、教授和实际业务操作能手，对本专业普遍性的难题和专业技能未来发展进行专题讲座和研讨。

培训方案

一、培训目的

以国务院关于大力发展职业教育的决定，以及教育部“中等职业学校教师素质提高计划”为指导，努力改善中等职业学校教学工作，显著提高骨干教师的业务能力、学术水平，努力建设一支高素质的教师队伍。通过培训，使接受培训的教师政治思想和职业道德水准、专业知识与专业技能、学术水平、教育教学能力和科研能力等方面的综合素质有显著提高，使之成为具有高素质、高水平，具有终身学习能力和教育创造能力，在教学实践中发挥示范作用的中等职业学校的“双师（能）型”专业骨干教师。

二、培训对象

根据教师能力标准的不同要求将中等职业教师分为上岗、提高、骨干三个层级进行培训。可将三个层级界定如下：

1. 上岗层级教师界定：学历达标，已获得教师资格证，按照调研情况将其分为两类：一类接受过财政专业学习，但没有接受过师范教育，缺少教育学、心理学、教法学学习的教师；另一类是有一定教学经验，或是师范类毕业接受过师范教育，有过教育学、心理学、教法学学习的教师，但财政事务专业知识、技能缺少的教师，如刚从大学毕业，或从文化课和其他相近专业转岗的教师，并且未从事过本专业理论、实验实训教学。

2. 提高层级教师的界定：已经是本专业的合格教师，希望通过培训提高水平与能力，向骨干教师目标努力的教师。

3. 骨干层级教师的界定：已经是本专业带头人或骨干教师。

三、培训目标

基于财政事务专业教师的能力标准制定以下培训目标，原则上达到：

（一）上岗层级专业教师

1. 初步了解财政事务专业职业教育本质特点，了解实际的职业及职业规章。使上岗层级专业教师尽快适应教学工作，进一步提高中等职业学校新从事财政事务教学教师的综合素质。

2. 掌握基本教学技能，能在老教师的帮助下独立完成特定财政事务专业教学内容的教学、设计与执行教学计划。能基本把握课堂的节奏，具备独立应对课堂中出现的各种突发状况的能力。

3. 了解基本教学方法，掌握一到两种教学方法实施教学，能够应用基本的教学媒体。能借助计算机网络信息技术，比较熟练地掌握财政事务专业领域的新知识、新技术和新方法。

4. 培养基本的操作技能，如组织乡镇各项财政收入、读懂预（决）算说明、掌握企业纳税申报和税务会计基础。为获取财政事务专业（税务师等）相关职业证书打下良好基础。

（二）提高层级专业教师

1. 基本把握职业教育本质特点，理解职业教育与其他相关学科关联。进一步提高中等职业学校从事财政事务教学的专业教师的综合素质。

2. 能根据需要选取教学内容，并独立保质保量完成教学活动。能够进行教学计划的具体设计、实施与评价，以及教学资料、媒体、专业实验室及实训场所的分析应用。

3. 理解专业教学法的内涵，掌握各种专业教学方法。树立现代职业教育理念，了解中等职业学校财政事务专业课程设置的特点与教学改革方向，掌握先进的财政事务专业教学法，并具备初步的课程开发与设计的能力。

4. 掌握职业分析方法，能够运用工作分析方法对具体岗位和工作过程进行分析；能够通过分析获取不同工作岗位所需的知识、技能。帮助中职师资增加将所教专业与社会联系能力。根据教育部中等职业学校教师培训的长期培养目标和要求，中职教师需要不断地加强与行业的外联能力。通过培训（特别是社会实习），使他们能够了解和熟悉如何与行业建立良好的合作关系，并为下一步回校后开展这方面的工作提供借鉴。

5. 培养较熟练的操作技能。经过培训为获得财政事务专业（税务师等）相关职业证书打下良好基础，为中等职业学校造就一大批财政专业理论水平高、实践教学能力强，在财政教育教学工作中发挥骨干作用的“双师型”或“双师资格”教师，真正达到以骨干示范作用带动中等职业学校财政师资队伍的整体建设。如编写乡镇财政预（决）算书、对乡镇财政预算执行情况进行分析、编制部门预算、执行国库集中支付制度、进行税务检查和税收筹划。

（三）骨干层级专业教师

1. 深刻把握职业教育本质特点，理解职教师资教学实践和职业工作实践的这种“双重”实践能力。进一步提高中等职业学校从事财政事务方向教学的骨干专业教师的综合素质，从而培养成为本专业的学科头带人。

2. 根据不同教学情境熟练地完成教学活动，善于把财政事务工作岗位及工作过程转换为学习环境，开拓学生在专业工作中学习的可能性；善于开发专业教学中的学习工作任务，并具备财政事务专业的课程开发与设计的能力。

3. 熟练运用工作分析方法，将岗位分析的结果归类重组并形成新的教学内容；系统地进行技术、工作以及职业教育过程的分析、组织与评价。熟练掌握现代教学方法与手段，能借助计算机网络信息技术，熟练地掌握财政事务专业领域的新知识、新技术和新方法。

4. 提升从事中职教育研究的能力和水平，同时，在本专业的相关领域内具有一定知识更新能力和研究能力，掌握本专业前沿动态的变化，逐步成为专家级教师。能够统筹总领财政事务专业课题项目研究、设计研究方案，控制研究过程，形成研究成果并推广实施。

5. 培养高级别的操作技能。中职师资增加将所教专业与社会联系能力。通过培训，使他们熟悉如何与行业建立良好的合作关系，并为开展这方面的工作提供经验。

四、培训内容

（一）教育类

模块一：职业道德培训

《财政事务专业教学的职业道德》（上岗、提高）

模块二：职业教育学培训

《职业教育学（基础）》（上岗、提高）

模块三：现代教育技术应用培训

《现代教育技术在教学中的基础应用讲座》（上岗、提高、骨干）

模块四：专业教学法培训

《财政事务教学经验介绍》（上岗、提高、骨干）

模块五：职业教育心理学培训

《职业教育心理学基础》（上岗、提高）

模块六：课程开发和教学系统设计模块

《财政事务专业课程开发和教学系统设计》（提高、骨干）

（二）专业类

模块一：职业发展与劳动组织分析培训

《财政事务职业发展和岗位分析》（上岗、提高、骨干）

模块二：系列专业“四新”讲座培训

《财政（税收）事务新规章介绍》（上岗、提高、骨干）

《财政（税收）事务新理论介绍与分析》（上岗、提高、骨干）

《财政（税收）事务热点研讨》（骨干）

《公共管理》（上岗、提高）

《预算收支分类改革》（上岗、提高、骨干）

《社区工作实务》（上岗、提高）

模块三：系列专业核心课程（含技能）培训

《国库集中支付》（上岗、提高、骨干）

《政府采购》（上岗、提高）

《预算编制》（上岗、提高）

《部门预算》（上岗、提高）

《预算报表分析》（上岗）

《预（决）算编制》（提高、骨干）

《乡镇集体经济转型》（上岗、提高、骨干）

《财政政策调控》（提高、骨干）

《政府与非营利组织会计实务》（上岗、提高）

《农村财务会计实务》（上岗、提高、骨干）

《社会保险实务》（上岗、提高）

《社会救助和社会福利实务》（上岗、提高）

《纳税实务》（上岗、提高、骨干）

《纳税申报》（上岗、提高）

《税务代理》（上岗、提高）

《企业会计报表分析》（上岗）

《税务会计》（上岗、提高、骨干）

《税务筹划》（提高、骨干）

《税务检查》（提高、骨干）

《税收政策咨询》（提高、骨干）

《金财工程软件应用》（上岗、提高）

模块四：实践技能培训

《兰贝斯预算管理软件应用》（上岗、提高）

《网上纳税申报与缴纳软件应用》（上岗、提高、骨干）

《用友公司会计软件系统应用》（上岗、提高、骨干）（建议为选修课）
《金税工程软件应用》（上岗、提高）
《乡镇财政岗位实习》（上岗、提高）
《社区岗位实习》（上岗、提高）
《纳税业务实习》（上岗、提高）
《企业会计岗位实习》（上岗、提高、骨干）
《政府、企业考察与交流》（提高、骨干）
具体内容安排见培训体系框架附表。

五、培训体系框架

见附表1至附表7。

六、考　核

培训考核应包含以下几部分：

1. 理论知识　　10%
2. 专业实践技能　　20%
3. 企业实践活动　　20%
4. 教案与试讲　　20%
5. 教学研究论文　　20%
6. 平时作业与出勤　　10%

七、培训方法

先进的教学方法和现代化的手段对提高职教师资培训质量具有非常重要的作用。在培训方案的开发中应考虑现代教学方法在培训实施过程中的应用，财政事务专业培训可采用项目教学法、实验教学法、案例教学法等；并通过多媒体技术的应用、虚拟实验技术的引入、虚拟工作环境的建立，为职教师资的教学培训创设新的学习情景。培训方式采用：预设式、课程式、应答式、研讨式、集中式为主（基地培训、校本培训）。

本项目的培训组织形式，采用脱产集训方式即“基地培训 + 校本培训”。共分为四个阶段：

第一阶段：校内理论学习、技能训练。这期间将完成专业理论课、专业实训课、专题讲座的学习，在校内教学完成后进行考试。占总学时的 40%。

第二阶段：校外企业实践。这期间主要深入乡镇财政、社区、税务师事务所、软件公司等进行实习、考察、参观等，同时，要求在实习结束后，提交实践报告或实习作品。占总学时的 30% 学时。

第三阶段：集中实训。这期间讲解《兰贝斯财政管理教学软件》，并由用友公司高级经理讲解用友会计系统和实训操作，根据学习情况发放证书。占总学时 15%。

第四阶段：总结、考核。这期间每人要完成 1 ~ 2 篇教学研究论文，结合所学内容和教学经验写出规定 4 ~ 8 课时的教案，并进行试讲与教学交流，提交实习作品，占总学时 15%。

教学研究论文的考核标准是：第一部分，论文提纲，包括选题意义（10%），材料收集与掌握（10%）。第二部分，论文质量，包括结构设计与表述（20%），论述与分析（20%），结论与建议（20%）。第三部分，调研能力（20%）。

教案考核标准：第一部分，备课的数量足（50%）；第二部分，项目齐全（30%）；第三部分，内容具体详略得当，体现教法，层次性强（10%）；第四部分，书写工整（10%）。

附表 1　　中等职业学校财政事务专业教师培训方案体系框架

培训类型	上岗层级专业教师培训	提高层级专业教师培训	骨干层级专业教师培训
培训对象	新上岗教师	本专业的合格教师	本专业带头人或教学骨干
培训目标（应达到的能力标准）	初步了解财政事务专业职业教育本质特点，掌握基本教学技能，了解基本教学方法，培养基本的操作技能	理解职业教育与其他相关学科关联，理解专业教学法的内涵，掌握职业分析方法，培养较熟练的操作技能	深刻把握职业教育本质特点，理解职教师资教学实践和职业工作实践的“双重”实践能力，提升从事中职教育研究的能力和水平
教学能力标准要求的内容	第 N11—N17 模块	第 N21—N27 模块	第 N31—N37 模块
实践能力标准要求的内容（职业技能证书）	第 M11—M12 模块	第 M21—M22 模块	第 M31—M32 模块
培训模式/方式（可选择）	预设式、课程式、集中式为主（基地培训、校本培训）	应答式、单项性、课程式、分散/集中参半式为主（基地培训、校本培训）	研讨式、集中式为主（基地培训）

附表 2　　财政事务专业（乡镇财政）培训模块含义及形式解读（一）

模块内容 / 对象 培训模块		上岗层级专业教师			
		内　容	学时	形　式	代码
教育类	职业道德培训模块	《财政事务专业教学职业道德》	2	课程式	N11
教育类	职业教育学培训模块	《职业教育学（基础）》	4	课程式	N12
教育类	现代教育技术应用培训模块	《现代教育技术在教学中的基础应用讲座》	6	预设式、课程式	N13
教育类	专业教学法培训模块	《财政事务教学基本方法》	4	课程式	N14
教育类	职业教育心理学培训模块	《职业教育心理学基础》	4	课程式	N15
专业类	职业发展与劳动组织分析培训模块	《财政事务职业发展和岗位分析》	2	课程式	N16
专业类	系列专业“四新”讲座培训模块	《乡镇财政事务新规章介绍》 《财政事务新理论介绍与分析》	4 ~ 6	课程式	N171 ~ N172
专业类	系列专业核心课程（含技能）培训模块	《国库集中支付》 《政府采购》《部门预算》 《预算报表分析》 《乡镇集体经济转型》 《社会救助和社会福利实务》 《政府与非营利组织会计实务》	28 ~ 42	课程式、校本培训	M111 ~ M117
	岗位实践培训模块	《兰贝斯预算管理软件应用》 《乡镇财政岗位实习》	20 ~ 30	基地培训、校本培训	M121 ~ M122

附表 3　　财政事务专业（乡镇财政）培训模块含义及形式解读（二）

模块内容 / 对象 培训模块		提高层级专业教师			
		内　容	学时	形　式	代码
教育类	职业道德培训模块	《财政事务专业教学职业道德》	2	课程式	N21
教育类	职业教育学培训模块	《职业教育学》	4	课程式	N22
教育类	现代教育技术应用培训模块	《现代教育技术在教学中的应用讲座》	6	预设式、课程式	N23
教育类	专业教学法培训模块	《财政事务教学经验介绍》	4	应答式	N24
教育类	职业教育心理学培训模块	《职业教育心理学专题》	4	单项性	N25
专业类	职业发展与劳动组织分析培训模块	《财政事务职业发展和岗位分析》	2	应答式	N26
专业类	系列专业“四新”讲座培训模块	《乡镇财政事务新规章介绍与分析》 《财政事务新理论研究》	6	单项性	N271 ~ N272
专业类	系列专业核心课程（含技能）培训模块	《国库集中支付制度》 《财政政策调控》 《政府采购》 《部门预算编制》《预（决）算编制》 《社会保险实务》 《政府与非营利组织会计实务》	28 ~ 38	课程式、单项性校本培训	M211 ~ M217
	岗位实践培训模块	《兰贝斯预算管理软件应用》 《乡镇财政岗位实习与考察》	20 ~ 36	基地培训、校本培训	M221 ~ M222

附表 4　　财政事务专业（乡镇财政）培训模块含义及形式解读（三）

模块内容 / 对象 / 培训模块		骨干层级专业教师			
		内　容	学时	形　式	代码
教育类	职业道德培训模块	《财政事务专业教学职业道德》	2	研讨式	N31
	职业教育学培训模块	《职业教育学经验分析》	4	单项性	N32
	现代教育技术应用培训模块	《现代教育技术在教学中的应用讲座与研讨》	6	研讨式	N33
	专业教学法培训模块	《财政事务教学经验研讨》	4	研讨式	N34
	职业教育心理学培训模块	《职业教育心理学研讨》	4	研讨式	N35
专业类	职业发展与劳动组织分析培训模块	《财政事务职业发展和岗位分析》	2	研讨式	N36
	系列专业“四新”讲座培训模块	《乡镇财政事务新规章分析与研讨》 《财政事务新理论运用分析》	6	单项性、研讨式	N371 ~ N372
	系列专业核心课程（含技能）培训模块	《国库集中支付制度》 《财政政策影响分析》 《部门预算编制与协调》《预（决）算编制与分析》 《社会保险政策与实务》 《财政事务热点研讨》	28 ~ 30	研讨式、单项性、校本培训	M311 ~ M316
	岗位实践培训模块	《兰贝斯预算管理软件应用》 《乡镇财政考察与交流》	20 ~ 30	基地培训、校本培训	M321 ~ M322

附表 5　　财政事务专业（税收事务）培训模块含义及形式解读（一）

模块内容 / 对象 / 培训模块		上岗层级专业教师			
		内　容	学时	形　式	代码
教育类	职业道德培训模块	《税收事务专业教学职业道德》	2	课程式	N11
	职业教育学培训模块	《职业教育学（基础）》	4	课程式	N12
	现代教育技术应用培训模块	《现代教育技术在教学中的基础应用讲座》	6	预设式、课程式	N13
	专业教学法培训模块	《税收事务教学基本方法》	4	课程式	N14
	职业教育心理学培训模块	《职业教育心理学基础》	4	课程式	N15
专业类	职业发展与劳动组织分析培训模块	《税收事务职业发展和岗位分析》	2	课程式	N16
	系列专业“四新”讲座培训模块	《税收事务新规章介绍》 《税收事务新理论介绍与分析》	4 ~ 6	课程式	N171 ~ N172
	系列专业核心课程（含技能）培训模块	《农村财务会计实务》 《企业会计报表分析》 《纳税实务》《纳税申报》 《税务会计》 《金财工程软件应用》	28 ~ 42	课程式、校本培训	M111 ~ M116
	岗位实践培训模块	《网上纳税申报与缴纳软件应用》 《企业会计岗位实习》《纳税业务实习》	20 ~ 30	基地培训、校本培训	M121 ~ M123

附表6　　财政事务专业（税收事务）培训模块含义及形式解读（二）

培训模块 ＼ 模块内容 ＼ 对象		提高层级专业教师			
		内　容	学时	形　式	代码
教育类	职业道德培训模块	《税收事务专业教学职业道德》	2	课程式	N21
教育类	职业教育学培训模块	《职业教育学（基础）》	4	课程式	N22
教育类	现代教育技术应用培训模块	《现代教育技术在教学中的基础应用讲座》	6	预设式、课程式	N23
教育类	专业教学法培训模块	《税收事务教学经验介绍》	4	应答式	N24
教育类	职业教育心理学培训模块	《职业教育心理学》	4	单项性	N25
专业类	职业发展与劳动组织分析培训模块	《税收事务职业发展和岗位分析》	2	应答式	N26
专业类	系列专业“四新”讲座培训模块	《税收事务新规章介绍》 《税收事务新理论介绍与分析》	6	单项性	N271～N272
专业类	系列专业核心课程（含技能）培训模块	《农村财务会计实务》 《企业会计报表分析》《税收政策咨询》 《纳税检查实务》《纳税申报实务》 《税务会计》 《金财工程软件应用》	28～38	课程式、单项性 校本培训	M211～M217
专业类	岗位实践培训模块	《网上纳税申报与缴纳软件应用》 《用友公司会计软件系统应用》《企业考察与交流》	20～36	基地培训、校本培训	M221～M223

附表7　　财政事务专业（税收事务）培训模块含义及形式解读（三）

培训模块 ＼ 模块内容 ＼ 对象		骨干层级专业教师			
		内　容	学时	形　式	代码
教育类	职业道德培训模块	《税收事务专业教学职业道德》	2	课程式	N31
教育类	职业教育学培训模块	《职业教育学经验分析》	4	单项性	N32
教育类	现代教育技术应用培训模块	《现代教育技术在教学中的应用讲座与研讨》	6	研讨式	N33
教育类	专业教学法培训模块	《税收事务教学方法研讨》	4	研讨式	N34
教育类	职业教育心理学培训模块	《职业教育心理学研讨》	4	研讨式	N35
专业类	职业发展与劳动组织分析培训模块	《税收事务职业发展和岗位分析》	2	研讨式	N36
专业类	系列专业“四新”讲座培训模块	《税收事务新规章分析与研讨》 《税收事务新理论运用分析》	6	单项性、研讨式	N371～N372
专业类	系列专业核心课程（含技能）培训模块	《企业会计报表分析与运用》 《纳税检查》《税收筹划》 《税务会计》 《税收政策解读》 《金财工程软件应用》	28～30	研讨式、单项性 校本培训	M311～M316
专业类	岗位实践培训模块	《用友公司会计软件系统应用》 《企业考察与交流》	20～30	基地培训、校本培训	M321～M322

培训质量评价指标体系

执笔：王满亭

建立中等职业学校专业教师培训质量评价体系，旨在促进实施中等职业学校专业教师培训工作的高等职业院校工作水平的稳定与提高，促进实施中等职业学校专业教师培训工作的高等职业院校加强内涵建设，深化校企合作、工学结合人才培养模式的改革，加强教学基本建设和规范管理，不断提高对中职师资人才培养质量，为中等职业教育的发展提供人才保障。

一、主要问题的说明

（一）培训质量评价体系开发依据

结合中职教育发展需求与我院长期作为国家级中职教育培训基地的培训经验，根据教育部对培训包项目的总体要求与项目开发目标，以前期调研成果为线索，及已开发完成的《专业教师能力标准》与《专业教师培训方案》为依据，开发中职专业教师培训质量评价体系。

实施中等职业学校专业教师培训工作的高等职业院校，应以“服务于中职专业教师为宗旨，以提高中职教师专业实践能力及教学能力为导向”的培训要求，坚持加强自身教学基本建设和规范管理的方针，形成自我约束、自我发展的机制，切实保证中职教师培训的教学质量。

（二）培训质量评价体系开发目标与适用对象

为了保证中职学校专业教师培训的质量，做好中职学校教师人才的培养工作，促进中职教育又好又快地发展，在总结分析前期工作成果与经验的基础上，根据《中等职业学校专业教师培训专业项目成果开发指导框架》的意见，制定中等职业学校专业教师培训质量评价体系。

所开发的中职专业教师培训质量评价体系，适用于评价承担中等职业学校专业教师培训工作的高职院校在完成培训工作时所达到的质量水平。本体系按统一标准对高职院校在完成对中职学校上岗教师、提高教师与骨干教师培训中，所达到的质量水平进行检验与评价。

（三）培训质量评价体系的构成

1. 培训质量评价指标构成及内涵。中等职业学校专业教师培训质量评价是对每次专业教师培训项目的培训质量进行评价，它是一个以培训质量为中心的综合性评价。依据对专业教师培训质量的主要影响因素，培训质量评价体系在指标设置方面，由四个一级指标组成：培训方案、培训条件、培训管理、培训效果。

（1）培训方案。培训方案是实施培训工作的纲领性文件，是培训质量的基础性工作。培训方案指标主要包括：培训需求调研、与国家制定的专业教师能力标准和培训方案的联系、培训目标定位准确性、培训模式和方法的先进性与实用性、培训内容与培训目标的吻合度、考核内容与方法的科学性等反映培训方案质量的有关内容。

（2）培训条件。培训条件是实施培训方案的人力和物力保障。培训条件指标包括培训师资素质与构成、校内教学设施和实习实训条件、生活保障及服务设施、校外实习实训企业等支撑实施培训任务的主要条件。

（3）培训管理。培训管理是落实培训方案的制度保障。培训管理指标包括管理队伍专业化程度、培训管理制度与落实、培训方案执行情况、培训质量监控、培训工作计划与总结、培训档案管理、培训反馈制度等反映培训项目管理质量的内容。

（4）培训效果。培训效果是培训质量的最终表现。培训效果指标包括培训目标的达成度、考核成绩合格率与分布情况、反映学员综合职业能力的作业或作品情况、培训学员取证率、企业评价、学员自我评价、培训管理评价、学员满意度、选送单位满意度、培训创新等反映培训效果的指标。

在上述一级指标的基础上，将其分解为 14 个二级指标；二级指标则再分解为 27 个重点评价（考核）项目。二级指标设置及重点评价（考核）项目见培训质量评价指标体系表。

2. 培训质量评价标准及等级划分。

（1）培训质量评价标准。培训质量评价标准是以重点评价（考核）项目而设立的。针对每一重点评价（考核）项目，按 A、C 两个基本等级，分别设立了其应达到（具备）的内容标准。有关重点评价（考核）项目评价的内容标准，详见培训质量指标评价表 1－1/2、表 1－2/2、表 2、表 3、表 4－1/2 和表 4－2/2。

（2）培训质量评价等级的划分、权重与量化。

①培训质量评价等级的划分。重点评价项目是在充分界定二级评价指标内涵的基础上要突出的评价要点。每个指标的评价等级按照优劣顺序分 A、B、C、D 四个级别，评价标准只列出 A、C 两个基本等级的标准，介于 A、C 之间的为 B 级，低于 C 级的为 D 等级。

②培训质量评价指标的权重与量化。培训质量评价指标权重，是根据评价指标对培训质量影响的重要程度确定，培训质量评价指标的权重分配，详见培训质量评价指标体系表。培训质量指标评价等级及量化分数为四种状况：A 级，为 95 分；B 级，为 85 分；C 级，为 75 分；D 级，为 65 分。培训指标实际评价得分具体计算方法如下：

$$\text{某重点项目实际评价得分}=\text{该重点项目实际评价等级得分}\times\text{该重点项目权重}$$

$$\begin{aligned}\text{某二级指标实际评价得分}&=\text{该二级指标各重点项目实际评价得分之和}\\&=\sum(\text{该二级指标重点项目实际评价等级得分}\\&\quad\times\text{该重点项目权重})\end{aligned}$$

$$\text{某一级指标实际评价得分}=\text{该指标中二级指标实际评价得分之和}$$

$$\begin{aligned}\text{培训质量评价指标实际总得分}&=\text{全部一级指标实际评价得分之和}\\&=\text{全部二级指标实际评价得分之和}\\&=\sum(\text{某重点评价项目实际评价等级得分}\\&\quad\times\text{该重点项目权重})\end{aligned}$$

培训质量实际综合评价结果分为优秀（90 分以上）、良好（80～90 分）、合格（70～80 分）、不合格（70 分以下）四个等级（分数）区域。

3. 培训质量评价方法。对各重点评价项目，在按评价内容标准进行评价时，所运用的评价方法基本有实地考察法、查阅相关资料法、座谈会法、调查问卷法等。但由于不同的重点评价项目具有不同的表现特征，所以在进行某一重点评价项目评价时，应在基本方法的基础上，灵活组合运用，以求达到最准确的评价效果和效率。对每一重点评价项目应采用的评价方法，本培训质量评价体系均提出了基本要求，详见培训质量评价体系表。

（四）培训质量评价机构与评价原则

设立由学院组成的，由教学管理部门、教师、培训部门、被培训学员、企业一线人员、职教专家等人员参加的综合评估组，由综合评估组作为培训质量评价机构并实施培训质量评价，在评价中要遵守以下基本原则：

1. 促进发展原则。在重点关注学校教学改革及人才培养模式创新的前提下，重在引导学校加强内涵建设，促进教学质量保障体系的建立与完善。

2. 客观、科学、民主、公正，提高工作效率，不影响学校正常教学秩序。

3. 学校自评与专家评价相结合。以学校自评为基础，专家评价相结合，建立和完善学校培训质量保障机制。

4. 评价与引导相结合。既要对学校培训工作状态做出全面深入的分析判断，更要为学校的改革发展提出建设性意见和建议。

5. 多种评价方式相结合。静态与动态相结合，既要考察培训效果，又要注重培训过程。全面了解与重点考察相结合，既要把握培训全局，又要抓住培训的关键因素。

（五）培训质量评价体系的特色

在充分利用国内外培训评价理论和调研成果的基础上，所建立的培训质量评价体系具有以下几个方面的特色：

1. 满足培训质量评价的要求。在重视培训方案、培训条件、培训管理评价的基础上，突出培训效果（在指标设置的数量和权重上体现）。

2. 体现专业特色。有的一级指标与二级指标的名称虽然是相同的，但各指标评价重点、评价标准不同，充分体现了各专业的特色。

3. 代表性与层次性。每一指标都有一定的综合性和独立性，代表了不同的评价方面与评价内容，评价标准层次分明。

4. 简便性与可操作性。简洁方便，定性指标易于转化为量化指标；指标名称和内涵定位准确，资料易于取得，可测可评。

二、培训质量评价体系表

培训质量评价体系表如表1所示。

表 1　　　　培训质量评价体系表

一级指标名称与权重（%）	二级指标						
	名称	权重（%）	重点评价项目	评价等级	评价标准	评价方法	权重（%）
培训方案指标（35）	培训需求调研	6	调研成果	A、C			3
			成果应用	A、C			3
	培训目的与目标	5	培训目的	A、C			2
			培训目标	A、C			3
	培训对象	6	构成分析	A、C			3
			分析结果应用	A、C			3
	培训内容	12	与培训目标的吻合度	A、C			4
			与实践联系的紧密度	A、C			4
			受训教师的满意度	A、C			4
	培训方式方法	6	培训方式	A、C			3
			培训方法	A、C			3
培训条件指标（20）	师资素质	9	师资结构	A、C			4
			师资队伍建设	A、C			5
	教学条件	9	教室等设施配置	A、C			4
			实习基地与校外实习	A、C			5
	生活及服务保障	2	食堂、宿舍等管理	A、C			2
培训管理指标（15）	管理制度	5	组织、档案管理与培训反馈	A、C			5
	培训方案执行	5	教学内容、实践教学计划与总结	A、C			5
	质量监控	5	教务管理与动态监控	A、C			5
培训效果指标（30）	培训目标达成度	9	培训方案的适应性	A、C			3
			培训方案的执行度	A、C			3
			培训方案内容新颖性	A、C			3
	成绩考核	6	合格率与分布	A、C			3
			作业或成果	A、C			3
	培训效果满意度	15	受训教师满意度	A、C			5
			选送单位满意度	A、C			5
			实习实训单位满意度	A、C			5

注：各重点评价项目的内涵即评价内容标准与评价方法见培训质量指标评价表 2－1/2、表 2－2/2、表 3、表 4、表 5－1/2 及表 5－2/2。

三、培训质量指标评价表

（一）培训方案质量指标评价表

培训方案是实施培训工作的纲领性文件，是培训质量的基础性工作。培训方案指标主要由培训需求调研、培训目的与目标、培训对象、培训内容和培训方式方法五个二级指标组成，二级指标之下分列十一项重点评价内容，从调研成果与成果应用、与国家制定的专业教师能力标准和培训方案的联系、培训内容与培训目标的吻合度等方面，评价和反映培训方案质量的水平，如表2－1/2、表2－2/2所示。

（二）培训条件质量指标评价表

培训条件是实施培训方案的人力和物力保障。培训条件指标包括师资素质、教学条件、生活及服务保障三个二级指标，二级指标之下分列五项重点评价内容，从师资结构、师资队伍建设、教室等设施配置、实习基地与校外实习、食堂与宿舍等方面，评价和反映培训条件的质量水平，如表3所示。

（三）培训管理质量指标评价表

培训管理是落实培训方案的制度保障。培训管理指标由管理制度、培训方案执行、质量监控三个二级指标构成，从组织、档案管理与培训反馈，教学内容、实践教学计划与总结，教务管理与动态监控等方面，评价和反映培训管理的质量水平，如表4所示。

（四）培训效果质量指标评价表

培训效果是培训质量的最终表现。培训效果指标包括培训目标达成度成绩考核综合评价三个二级指标，二级指标之下分列八项重点评价内容，从培训方案的适应性、培训方案的执行度、培训方案内容新颖性、受训教师满意度、选送单位满意度等多方面，反映培训效果的质量水平，如表5－1/2、表5－2/2所示。

表 2-1/2

评价人员姓名：________　　**培训方案质量指标评价表**

<table>
<tr><th rowspan="2">一级指标名称</th><th colspan="2">二级指标</th><th colspan="3">评价标准与方法</th><th rowspan="2">评分等级</th><th colspan="2">评分</th></tr>
<tr><th>名称</th><th>重点项目</th><th>A</th><th>C</th><th>评价方法</th><th>权重</th><th>得分</th></tr>
<tr><td rowspan="9">培训方案评价指标</td><td rowspan="2">培训需求调研</td><td>调研成果</td><td>能够实施年度调研计划、有调研资料与人才需求现状分析及未来需求调研分析报告，资料齐全完整。</td><td>有与中职学校定期培训需求交流联系与被培训教师跟踪调查报告等。</td><td>查阅相关资料</td><td></td><td>3</td><td></td></tr>
<tr><td>成果应用</td><td>能够根据调研分析报告积极调整教学内容、方式、方法等，联系实际探索更具实效性的培训模式，有过程资料，有创新，效果好。</td><td>能够制定和执行基本的培训方案，有制定、修订培训方案和教学大纲的资料。</td><td>查阅相关资料</td><td></td><td>3</td><td></td></tr>
<tr><td></td><td colspan="5">小　计</td><td></td><td></td></tr>
<tr><td rowspan="2">培训目的与目标</td><td>培训目的</td><td>能够与国家制定的专业教师能力标准相吻合，主动适应产业结构变化、依据中职教学需求调整专业结构、专业数量，有各专业实施性教学方案，各专业所开设课程的课程标准，及相关执行文件和材料。</td><td>能够根据每期的培训任务要求，制定有基本的教学实施方案，有关教材、实训指导书选用基本合理，教学大纲、教学项目和计划基本齐全、完整。</td><td>查阅相关资料</td><td></td><td>2</td><td></td></tr>
<tr><td>培训目标</td><td>培训目标定位准确，有不同层次培养方案的制订、修订、执行措施和实施情况方面的文件、材料。</td><td>具有不同层次培训目标、教学计划，教学管理办法，主要资料齐全、完整。</td><td>查阅相关资料</td><td></td><td>3</td><td></td></tr>
<tr><td></td><td colspan="5">小　计</td><td></td><td></td></tr>
<tr><td rowspan="2">培训对象</td><td>构成分析</td><td>对参加培训的教师有关于其技能能力、学历水平、培训学习内容的意愿构成等调查资料及分析报告。有适时修订的上岗、提高、骨干三个层级教师能力的认定标准及相应的教学内容构成模块。</td><td>有基本的上岗、提高、骨干三个层级教师能力的认定标准和相应的培训方案与教学模块规划，教学内容构成基本合理。</td><td>查阅相关资料</td><td></td><td>3</td><td></td></tr>
<tr><td>分析结果应用</td><td>能够积极根据受训对象意愿调整每期培训内容及教学指导计划并有说明文件。有受训教师满意培训内容的信息反馈资料及分析报告。</td><td>能够按一般培训方案实施上岗、提高、骨干三个层级的培训教学活动，有关教学文件齐全。</td><td>查阅相关资料</td><td></td><td>3</td><td></td></tr>
<tr><td colspan="6">小　计</td><td></td><td></td></tr>
</table>

表 2－2/2

评价人员姓名：________　　　　**培训方案质量指标评价表**

	二级指标		评价标准与方法			评分等级	评分	
	名称	重点项目	A	C	评价方法		权重	得分
培训方案评价指标	培训内容	与培训目标的吻合度	能够结合培训对象构成分析，有针对每期培训目标培训内容的可行性分析与设计，层次特征明显，有受训教师所在学校信息反馈及所进行的分析资料。	有针对培训目标的基本合理的培训内容、模块设计与组合方案。预定的培训方案具有比较可靠的可行性。	查阅相关资料		4	
		与实践联系的紧密度	能够进行社会经济发展状况及技能发展动态的社会调研，掌握社会对技能认定标准，有定期、不定期的分析研究报告，有关于技能教学内容更新的教学方案、说明等文件。	进行校外培训的实习基地基本能落实和基本能满足一个班次的实习需要，技能训练与校外实践课时总量不低于培训总课时的40%。	查阅相关资料座谈会		4	
		受训教师的满意度	专业内容与职业教学、理论学习与实践技能的培训内容全面完整，受训教师与评价人员满意的比例均在90%以上。	受训教师与评价人员满意的比例在均70%以上。	座谈会调查表		4	
		小　计						
	培训方式方法	培训方式	在预设式、课程式、应答式、研讨式、集中式等教学组织形式上，有健全完善的有关预案，在有关技能、实践能力培训等方面，有可靠的校内培训基地和校外培训基地，多方式办学。	有关于教学组织形式的要求与相应的文件资料，有校内培训实训基地并能满足一个班次的实训需要。	查阅相关资料实地考察		3	
		培训方法	具备先进和充足的多媒体教学条件，能够进行虚拟实验技术的引入、虚拟工作环境的建立，为中职师资的教学培训创设新的学习情景，以及与之相应的有关教学资料与文件等。	基本上能够采用项目、实验、案例等多种先进教学法，初步具备了多媒体教学条件，能够进行一般的多媒体教学活动并有相应的有关教学要求与标准。	查阅相关资料实地考察		3	
		小　计						
	合　计							

表 3

评价人员姓名：________________　　　　　**培训条件质量指标评价表**

一级指标名称	二级指标		评价标准与方法评分等级			评分等级	评分	
	名称	重点项目	A	C	评价方法		权重	得分
培训条件评价指标	师资素质	师资结构	中高级职称的教师比例占教师总数的 80%，其中高级教师占 40% 以上。专任教师中，具有本专业技术职称的占 80% 以上。实习指导教师有三年以上本专业的实践经验并占 80% 以上。从行业、企业聘请技术能手，承担实践课程的比例 50% 以上，并注重对他们教学能力的培训。	中高级职称的教师比例占教师总数的 60%，其中高级教师占 20% 以上，无不胜任教学工作的教师。专任教师中，具有本专业技术职称的占 50% 以上。实习指导教师有三年以上本专业的实践经验并占 50% 以上。	查阅相关资料座谈会		4	
		师资队伍建设	制定了师资队伍建设规划，专业教师每两年必须有两个月到企业或生产服务一线实践的比率能达到 100%。	专业教师每两年有两个月到企业或生产服务一线实践的比率能达到 80% 以上。	查阅相关资料		5	
		小　计						
	教学条件	教室配置	校内能为培训教师配置带有多媒体等教学设备的专用教室。校内有图书、阅览室（电子）体育运动场地及体育设施和器材，可同时满足一个班次以上需要。	校内能为培训教师配置固定教室。校内的其他功能设施能满足一个教学班（或 1/2 个教学班轮流）活动所需。	实地考察		4	
		实习基地与校外实习	校内设有实习基地，指导教师和完善的实习管理制度，设备完好率 95% 以上，能按照教学大纲开出实验。实验开出率不低于 90%。校外实习基地类型在 5 类以上，签定有合作协议的基地数量应在所设校外基地数量的 80% 以上，能同时满足两个班次的实习实训需要。	校内实习基地设施齐全，资料完整，能满足一个教学班（或 1/2 个教学班轮流）实习所需。校外实习基地类型在 2 类以上，签定有合作协议的基地数量应占所设校外基地数量的 50% 以上，能同时满足两个班次的实习实训需要。	实地考察查阅相关资料座谈会		5	
		小　计						
	生活及服务保障	食堂、宿舍等管理	有专门的受训教师生活服务管理人员，丰富好课余生活。受训学员满意度在 95% 以上。食堂管理好，饭菜卫生，价格合理，受训学员满意度在 80% 以上。宿舍安全、整洁有序。宿舍内务、秩序好，积极开展文明宿舍创建。受训学员满意度在 95% 以上。	能为学员的日常生活需要提供帮助与指导，受训学员满意度在 85% 以上。食堂管理好，饭菜卫生，价格合理，受训学员满意度在 60% 以上。宿舍安全、整洁有序。宿舍内务、秩序好，受训学员满意度在 85% 以上。	实地考察查阅相关资料座谈会		2	
		小　计						
	合　计							

表 4

评价人员姓名：________________　　　**培训管理质量指标评价表**

一级指标名称	二级指标		评价标准与方法			评分等级	评分	
	名称	重点项目	A	C	评价方法		权重	得分
培训管理指标	管理制度	组织档案管理与培训反馈	有独立的培训管理机构，设立有教务、教学督导和教学研究、档案管理等职能性管理岗位，岗位职责明确。有关档案收集齐全、规范，及时归档，并能较好地利用档案资料；有对培训满意度的追踪反馈调查制度，能坚持对受训教师的调查，有丰富的调查资料及分析报告。	培训管理机构较健全，岗位职责明确能保证正常教学工作和教学研究需要。有专人管理教学档案；档案资料收集基本齐全；有各类档案的基本管理制度。对培训结果能进行一定的追踪反馈调查，调查资料基本齐全。	查阅相关资料		5	
	培训方案执行	教学内容、实践计划与总结	教学内容根据调研报告及时更新，体现相关行业的新知识、新方法；专业核心课程、专业核心技能课、教学理论及教学实践技能课开齐开足，比例合理。实验、实训、实习计划和总结完整齐全；实验实训实习开出率达到 90% 以上，相关资料齐全完整。能建立以质量为中心的计划保证体系，资料完整。有对计划执行的分析总结。	能够执行预定的教学方案，课时充足，专业核心课程、专业核心技能课、教学理论及教学实践技能课比例基本合理。实验实训实习计划和总结基本完整；实验实训实习开出率达到 60% 以上。有基本的培训教学管理计划和资料及对计划执行情况的分析总结。	查阅相关资料		5	
	质量监控	教务管理与动态监控	教学计划、校历、教学进程表、课程表、教学任务书、学期授课计划、教学日志齐全、规范；建立完善排课、调课、代课及停课等制度；管理效果显著。教师教学工作考核制度科学合理并严格执行，效果显著；受训教师学习质量考评制度科学合理并对考评结果进行了研究分析。相关资料齐全。	教学工作计划、校历、教学进程表、课程表、教学任务书、学期授课计划、教学日志等资料基本齐全。有教师教学工作考核制度并能够执行，有效果；有受训教师学习质量考评制度；相关资料较为齐全。	查阅相关资料、座谈会		5	
	小　计							

表 5－1/2

评价人员姓名：＿＿＿＿＿＿＿＿　　培训效果质量指标评价表

一级指标名称	二级指标		评价标准与方法			评分等级	评分	
	名称	重点项目	A	C	评价方法		权重	得分
培训效果指标	培训目标达成度	培训方案的适应性	制定的培训方案能够做到：培训目的明确；培训对象定位准确；培训目标层次划分清晰，能够与培训对象构成紧密的结合；培训内容计划全面完整，能够符合培训对象与实现培训目标的要求；培训考核制度健全，考核办法简明易行；培训方法科学先进。培训方案结构完整，适应性强。	培训方案基本能够做到：培训目的明确；培训对象定位准确；培训目标层次划分清晰，能与培训对象相联系；培训内容基本符合培训对象与培训目标的要求；建立有培训考核制度和多种培训方法。培训方案基本能满足完成培训任务的需求。	查阅相关资料		3	
		培训方案的执行度	制定的培训方案能够得到充分的执行，相关的培训内容：校内理论学习、技能训练；校外企业实践；社会实践第一线的考察、参观等，在时间与具体行动方面能得到全面且具体的落实与实施，并形成完整资料。	培训方案规定的培训内容，基本上能得到落实与实施，并形成相关的完整资料。	查阅相关资料、座谈会		3	
		培训方案内容新颖性	能够针对每期培训班，根据培训目标不同、学员学习需求不同、培训调查分析结论与经济发展要求的变化等，制订不同的培训方案与培训内容，不仅使学员感到培训内容的新颖性，更能感到知识更新的重要性。	能够对培训方案与培训内容，根据培训目标不同、学员学习需求不同、培训调查分析结论与经济发展要求的变化等，进行基本的调整。	查阅相关资料		3	
		小　计						
	成绩考核	合格率与分布	受训教师培训考核成绩，要求在符合正态分布的前提下，各科成绩平均分数应达到 95 分以上。实行定性考核的科目优良率应在 90% 以上。	在符合正态分布的前提下，各科成绩平均分数应达到 75 分以上。实行定性考核的科目优良率应 70% 以上。	查阅相关资料		3	
		作业或成果	受训教师在培训期间能完成五个指定项目中的四项：①完成一篇专业技能实践报告；②完成一篇中职教学论文；③完成一项教学法应用的教学过程设计；④完成一次示范课教学实践；⑤完成一篇专业理论论文。	受训教师在培训期间，能完成三个指定项目中的二项，①完成一篇专业技能实践报告；②完成一项教学法应用的教学过程设计；③完成一次示范课教学实践。	查阅相关资料		3	
		小　计						

表 5－2/2

评价人员姓名：＿＿＿＿＿＿＿＿ **培训效果质量指标评价表**

一级指标名称	二级指标		评价标准与方法			评分等级	评分	
	名称	重点项目	A	C	评价方法		权重	得分
培训效果指标	培训效果满意度	受训教师满意度	能以受训学员为主体，以人为本，结合学员学习提高的需求，受训学员在生活、专业技能能力的提高，教学实践能力的提高三方面的满意度均能达到90%以上。	受训学员在生活、专业技能能力的提高，教学实践能力提高的三方面满意度均能达到70%以上。	查阅资料座谈会		5	
		选送单位满意度	与选送受训教师的中职学校联系密切，根据中职学校对教师培训要求，积极调整培训方案、目标等。中职学校对培训结果的评价，优良率占选送受训教师中职学校的85%以上。申请培训的中职学校数量呈现逐年增加趋势。	能与选送受训教师的中职学校保持经常性联系，了解中职学校对教师培训的需求。中职学校对培训结果的评价，优良率占选送受训教师中职学校的65%以上。申请培训的中职学校数量状态比较稳定。	查阅相关资料、座谈会、调查表		5	
		实习实训单位满意度	与校外实习实训基地联系紧密，共同研究探讨专业知识、技能的更新对教学的影响与需求，实习实训基地对受训教师在专业理论与专业技能上的表现有较高的社会认可度，评价的优良率占实训教师的85%以上。	能与校外实习实训基地保持经常性联系，实习实训基地对受训教师在专业理论与专业技能上表现的评价，优良率占实训教师的65%以上。	查阅相关资料、座谈会、调查表		5	
		小　计						
	合　计							

备注：

四、培训质量实际评价计分汇总表

培训质量评价计分汇总表如表6所示。

表6　　培训质量评价计分汇总表

一级指标名称与标准分值	实际计分 评价人员姓名 二级指标名称															合计	平均
培训方案指标（35）	培训需求调研																
	培训目的与目标																
	培训对象																
	培训内容																
	培训方式方法																
	小　计																
培训条件指标（20）	师资素质																
	教学条件																
	生活及服务保障																
	小　计																
培训管理指标（15）	管理制度																
	培训方案执行																
	质量监控																
	小　计																
培训效果指标（30）	培训目标达成度																
	成绩考核																
	培训效果满意度																
	小　计																
合　计																	